Apprendre Éduquer Entraîner

FRANÇOIS KIESGEN DE RICHTER

Apprendre, Eduquer, Entraîner

ISBN-13 : 978-1546308089
ISBN-10 : 1546308083

Apprendre, Eduquer, Entraîner

DÉDICACES

À mes petites filles Léa et Zoé

Mon chien m'écoute,

Oubliez la bonne vieille méthode basée sur le conditionnement par l'autorité. Votre chien réalisera vos ordres avec plaisir si le jeu est à la base de son apprentissage. Mais n'attendez pas de lui qu'il soit un robot japonais. **Assis, couché, débout, pas bougé, stop, au pied, quelques soient les circonstances, c'est déjà beaucoup.**

Mon chien me protège :

Une bonne éducation c'est un chien qui réalise lui-même l'action appropriée dans un contexte approprié. Adoptez une approche systématique, d'abord en ayant réfléchi à ce que vous voulez apprendre à votre chien. La garde n'est pas innée, la défense encore moins, le pistage est un art, la chasse est très technique. Évitez les accidents car un chien en danger mord par peur et ne proportionne pas sa réponse, il agit d'instinct. **Votre chien vous protégera uniquement s'il sait ce que vous attendez de lui.**

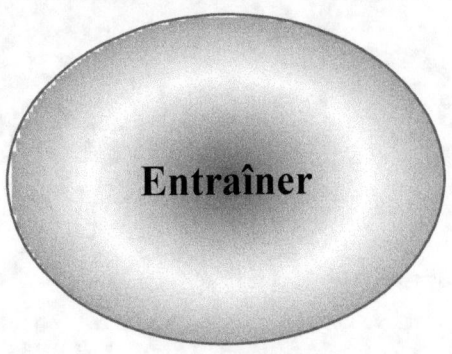

Entraîner

Le chien est doté d'une grande palette de qualités physiques et psychiques, alliées à un sens affûté : être de compagnie ne sera un plaisir que si ses besoins sont satisfaits. Tous les chiens ont besoin de sport : de la balade quotidienne aux concours en RCI, en passant par l'agility, chaque chien doit trouver l'activité qui lui convient ?

LE CHIOT

Il est habituel de lire qu'il faut choisir son chiot en tenant compte des caractéristiques de la race : caractère, look, besoin physique, conditions alimentaires. Il est surtout essentiel que la race du chien corresponde à votre environnement, à vos habitudes et au maître que vous souhaitez être.

Apprendre, Eduquer, Entraîner

☐ Vous êtes dynamique et sportif, vous vous entendrez à merveille avec un Berger allemand, un Berger belge, un Cane Corso, un Teckel, un Golden Retriever, un Setter, un Berger Hollandais…

☐ **Vous aimez le calme et la vie d'intérieur**, vous adorerez le Cavalier King-Charles, le Bulldog anglais, le Yorkshire Terrier, le Chihuahua, le York, le Bulldog français, le Caniche, le Shi Tzu ou le Carlin.

☐ Vous privilégiez la vie de famille, et vous aimez la nature et les ballades, choisissez par exemple le Border Collie, le Berger Australien, le Schiperké, le Bichon.

☐ **Vous aimez les sports canins**, pour le RCI ou le Ring pensez au Berger Allemand et au Malinois. Pour le pistage pensez au Saint Hubert, au Berger Hollandais, pour l'agility pensez au Border collie, au Tervueren.

☐ Vous voulez un chien polyvalent, le Groendael est idéal pour la garde et la famille, comme le Dogue Allemand.

Vous aimez les chiens de caractère, pensez au staffie, à l'Américan Staffordshire terrier.

Quelle que soit son apparence, sa taille, ou son caractère, il y a toujours une race qui correspondra et qui vous apportera ce que vous attendez. N'oubliez pas qu'il faudra aussi que vous répondiez à l'attente de votre chien.

Un chiot ne s'achète pas en animalerie, mais chez un éleveur et avec un LOF : *c'est la seule garantie d'avoir un chien équilibré qui correspond aux critères que vous aurez fixés.*

Faut-il encore bien choisir son chiot ?

Un test vous aidera à anticiper la sociabilité du chiot, ensuite, l'apprentissage, l'éducation et l'entraînement joueront pleinement leurs rôles.

Vous devrez visiter l'élevage, il ne faudra pas décider par téléphone.

Lors de votre première visite à l'élevage, il faut faire confiance à votre instinct, et sélectionnez par exemple deux chiots.

Ensuite vous demanderez à réaliser le test comportemental élaboré par le psychologue William Camper à la fin des années soixante, et qui a été créé pour prévoir les tendances comportementales des chiots soumis aux ordres et à la domination (physique et sociale) de l'homme. Son but est d'aider un acquéreur potentiel à choisir, à l'intérieur d'une portée, *le sujet le plus adapté au milieu et à la famille dans lesquels il est appelé à vivre.*

Apprendre, Eduquer, Entraîner

Le test de Camper est très utile si l'on n'attend pas d'autres résultats que ceux prévus à l'origine par ce test : ce n'est ni un test d'intelligence ni un test d'aptitude.

Le test se fait le chiot ayant un mois à un mois et demi. Il dure une demi-heure, il se réalise dans un lieu isolé et tranquille n'offrant aucune distraction. Il doit y avoir une entrée parfaitement identifiable. Il est indispensable que ce lieu, situé à l'extérieur ou à l'intérieur, soit absolument inconnu du chiot. Le futur propriétaire du chiot doit demander à exécuter le test lui-même.

Vous ne devez pas parler au chiot, ni l'encourager, ni le caresser. Si le chiot fait ses besoins pendant le test, ignorez la chose (vous ne nettoyez l'endroit que quand le chiot sera parti).

Attraction sociale : Posez délicatement le chiot au centre de la zone de test et éloignez-vous de quelques mètres dans la direction opposée à celle de l'entrée. Accroupissez-vous ou asseyez-vous en tailleur et tapez doucement dans vos mains pour attirer le chiot, il doit vous rejoindre.

Aptitude à suivre : Partez d'un point situé à proximité du chiot et, éloignez-vous du chiot en marchant normalement. Le chiot doit vous suivre tout de suite.

Réponse à la contrainte : Accroupissez-vous, retournez délicatement le chiot sur le dos et maintenez-le dans cette position pendant 30 secondes environ en laissant votre main sur sa poitrine. Le chien se rebelle puis se calme et vous lèche.

Dominance sociale : Baissez-vous et caressez doucement le chiot en partant de la tête et en continuant par le cou et le dos. Le chiot se retourne et vous lèche les mains.

Dominance par élévation : Prenez le chiot sous le ventre en croisant vos doigts, les paumes des mains vers le haut. Soulevez-le légèrement du sol et maintenez-le ainsi pendant 30 secondes environ. Le chiot se rebelle puis se calme et vous lèche les mains.

Le test complet est modulable, je vous ai donné les meilleures réponses possible pour un chiot à forte dominante sociable.

Apprendre, Eduquer, Entraîner

La bonne analyse		
Certains chiots ont tendance à réagir d'une façon agressive et pourraient même mordre. Ils ne conviennent pas à une famille avec des enfants ou des personnes âgées, car ils ont trop de caractère et sont à réserver à un maître averti qui veut faire de l'activité canine.	Certains chiots ont tendance à se faire valoir, sans toutefois atteindre des excès. Ils ne sont pas recommandés dans les familles où vivent déjà des enfants en bas âge ou d'autres chiens du même sexe.	Certains chiots, sont extrêmement soumis, et devront recevoir beaucoup de douceur et de gratifications pour avoir confiance en eux et parvenir à s'adapter le mieux possible au milieu humain. Ils cohabiteront difficilement avec des enfants.

À vous de situer le chiot en fonction du test. Si le chiot a répondu comme je vous l'ai indiqué, il pourra s'adapter partout : même s'il y a des enfants turbulents ou des personnes âgées. Il a un degré élevé de sociabilité.

Apprendre, Eduquer, Entraîner

Maintenant vous pouvez réserver votre bébé chiot. Vous poserez une option ferme et vous donnerez un acompte.

Une femelle ou un mâle ? C'est au choix. Considérez qu'un mâle à plus de caractère est inexact, chaque chien est influencé par ses gènes et son environnement. Les gènes sont connus si vous prenez une lignée avec un LOF en ayant vérifié les cotations des géniteurs, et que vous avez pris le temps d'observer les parents et les frères et sœurs.

Vous viendrez voir l'évolution de la portée lors d'une deuxième visite dès que les chiots auront soixante jours. Vous pourrez vérifier que le chiot choisi est toujours équilibré, simplement en faisant quelques jeux. Soulevez-le, appelez-le, grattez-le, tous vos gestes seront d'abord un peu refusés, puis acceptés. S'il y a un problème entre les deux visites l'éleveur a rencontré une difficulté.

À savoir		
Avant de prendre en charge votre chiot, vous avez réglé les dernières formalités, et vous avez été particulièrement attentifs aux vaccinations. Vous avez un carnet de santé, un livret des origines familiales, et une facture.	Vous avez de l'eau, une gamelle, du papier absorbant, deux serviettes, et une vieille chemise à vous.	Lorsque le chiot entre à la maison, il faut qu'il trouve un coin prêt pour lui. Il aura un panier avec un tapis moelleux.
Prenez un bon départ !		

Ne donnez pas de jouets en mousse ou en plastique que le chiot va détruire et dont il avalera des morceaux.

Le poids des chiens pèsera à terme sur leurs articulations non protégées par du poil, et cela engendrera des calcites aux coudes des pattes. Offrez à votre chiot un coussin de panier très confortable et si possible avec une housse lavable.

Apprendre, Eduquer, Entraîner

À éviter

Il ne faudra pas donner de suite ses jouets au chiot. Vous devrez attendre au minimum trois jours avant de jouer avec lui. Ensuite vous pourrez en laisser à la disposition du chiot.

Donnez un lui un bon départ !

Donnez-lui du temps

Le chiot en arrivant va devoir s'habituer à son chez lui et à sa nouvelle famille. Soyez patients, laissez le chiot prendre ses marques. Vous devrez attendre que votre chiot soit en sécurité et se sente protégé avant de le solliciter.

De l'amour, encore de l'amour

À son arrivée, vous allez d'abord continuer les câlins. Puis doucement à son grès laisser le chiot explorer sa nouvelle maison. À ce moment-là, il y aura peut-être un besoin urgent. Faite comme si de rien n'était, ne marquez pas le moment des besoins sinon vous augmenterez le temps que le chiot mettra à être propre.

Pas de précipitation : il n'est pas un monarque

Le chiot fourrera son museau partout, laissez-le faire pour qu'il puisse se familiariser avec son milieu. Comme il va à un moment faire une bêtise, votre première leçon d'éducation va commencer. Vous devez savoir dire « non » et de façon sèche mais pas en élevant la voix. C'est très important. Ne vous inquiétez pas, si vous devez répéter. Pendant les deux premières semaines, c'est juste un « non » que vous répéterez autant de fois que nécessaire. Surtout il ne doit pas y avoir de punition.

Ne tombez pas dans le piège

Ne vous précipitez pas au moindre gémissement du chien, sous peine d'en faire un mauvais comportement. Le chien vit sa vie, vous vivez la vôtre.

Soyez prévenant

Éviter l'accident en apprenant à bien soulever le chiot, mettez une main sur la poitrine, mettez l'autre main sous les fesses.

Des exigences progressives

Après une semaine vous ne direz « non » que deux fois. Si le chien continue, vous n'insisterez pas. Vous changerez de stratégie. Vous allez associer l'ordre « non » à un bruit. Pr exemple une bouteille d'eau en plastique vide remplie de petits cailloux et bien bouchonnée. Vous lancerez la bouteille à vingt degrés à droite ou à gauche du chien en donnant sèchement l'ordre « non ». C'est juste pour détourner son attention. L'erreur serait de toucher le chien avec la bouteille car vous le rendrez peureux.

Respectez une méthode

Le chiot devra rester une semaine dans sa maison avec sa famille. Il ne devra pas rester seul car il serait désorienté et stressé. Et malheureusement votre chiot répondra à sa façon à son déséquilibre.

Après une semaine, sortez et laissez le chien seul chez vous cinq minutes puis revenez. Félicitez-le, il est resté tranquille, il sera content de vous revoir.

Ayez les bons réflexes

S'il a fait un besoin, ou une bêtise, faite comme si de rien n'était. Vous pourrez diminuer le temps, et mettre trois minutes. En général nous commençons par cinq minutes, puis dix minutes, faites-le tous les jours, et augmentez la durée. Le chien n'a pas la notion du temps, mais il a peur de l'abandon. Alors transformez la notion d'abandon en attente positive. Plus tard, vous allez confier votre maison à votre chien. Alors ne Loupez pas l'éducation de base.

Apprendre, Eduquer, Entraîner

Organisez votre tranquillité

Quand on désire un peu de tranquillité à la maison, on peut utiliser un enclos pour chiot. Le chien doit avoir un repère, c'est son panier. Il doit de lui-même s'habituer à s'y rendre. C'est son coin, vous n'avez pas le droit d'y aller. Vous pouvez aussi avoir une cage de transport métallique.

Pour amener le chien à utiliser son panier puis à accepter sa cage de transport, il faut y placer au début la chemise qui a été utilisée pour l'arrivée du chien et qui porte votre odeur.

À savoir		
L'ancrage olfactif est une façon de rassurer le chien.	Le chiot ne devra jamais être dérangé lorsqu'il se trouvera dans son panier ou son coin.	Le chiot mange à heure fixe une ration prévue et si possible une alimentation de qualité. Il a 20 minutes, puis vous enlevez la gamelle.
Le chiot doit avoir à boire en permanence.		

Il est important de commencer très jeune à habituer votre chiot aux soins quotidiens : oreilles, yeux et brossage au minimum.

On peut croire que votre chiot est équipé de piles longue durée, mais il a besoin de beaucoup de repos pour grandir.

Attention aux exercices violents, aux escaliers, aux courses rapides, aux randonnées trop longues.

Ne faites pas jouer votre chiot immédiatement après les repas il risque une torsion d'estomac qui est mortelle

BIEN SOCIALISER SON CHIEN

STOP ! aux voyous, aux fugueurs, aux aboyeurs, aux furieux ! Ce n'est pas la jungle !

Chien mal éduqué = maître irresponsable

Des expériences variées sont indispensables aux chiots pour acquérir un équilibre comportemental satisfaisant à l'âge adulte.	Le chiot doit une semaine après son arrivée être manipulé régulièrement mais précautionneusement et par différentes personnes.	Le chiot devra être confronté aux bruits : de la télévision, de la radio, de l'aspirateur, du balai que l'on passe non loin de son museau, aux voisins dans l'escalier ou le jardin, aux visites d'amis

Plus il aura de contacts avec divers milieux et différentes personnes, moins votre chien sera craintif et plus il aura confiance en lui. N'arrêtez jamais de le socialiser.

Secret d'éducateur de chiens professionnel

À partir de sa huitième semaine, le chiot peut de manière légale quitter l'endroit où il est né et dès ce moment il faut éduquer le chiot en l'habituant aux autres chiens : c'est essentiel. Une des meilleures manières d'apprendre les bonnes manières canines est de permettre à votre chiot de rencontrer des chiens adultes. Les chiens adultes font attention aux chiots, c'est leur nature. Si en jouant le chiot fait mal à l'adulte, le gros chien trouvera une manière d'arrêter le petit, soit avec un grondement soit avec un aboiement.

Apprenez à votre chiot à accepter d'être manipulé par d'autres que vous dès son plus jeune âge. Demandez à vos amis de procéder doucement à l'examen des oreilles, des yeux, de la queue, des gencives et des dents de votre chiot.

Il faut aussi habituer le chiot aux autres animaux, comme notamment les chevaux, les vaches, les ânes…

LA PROPRETÉ DU CHIOT

Pour votre chiot, la propreté signifie naturellement de ne pas faire sur son lieu de couchage et près de son lieu nourriture.

Les bonnes bases		
Distribuez la nourriture à heure fixe si possible pas le soir.	Sortez-le quinze minutes après avoir mangé, mais ne le faites pas courir.	Vous devez sortir le chien trois fois par jour au minimum.
Pas de fixation sur la propreté, elle viendra entre six et huit mois.		

Tordons le cou à une idée répandue : on ne met pas le museau du chien dans sa merde ! c'est insensé. Vous n'aurez jamais un chien équilibré avec ce genre de méthode. À l'inverse le chien finira par devenir craintif, car la punition l'attend à tout bout de champ.

LES JOUETS ET LES JEUX

Secret d'éducateur professionnel

Pour que votre chien joue et apprenne en même temps, il vous faudra des jouets ajourés dans lesquels vous pourrez glisser une friandise.

Apprendre, Eduquer, Entraîner

La concentration c'est essentiel !

Pour développer la concentration du chien, lors du lancer de balle, il faut faire semblant de lancer, et observez le chien : au début il anticipe si la balle reste parfois dans votre main, après plusieurs exercices, il fixera votre main et n'anticipera plus.

Le mordant commence par le jeu !

Mettez une corde à nœuds, au niveau de votre poitrine. Attendez que le chiot la fixe bien, puis proposez-lui de prendre un bout et de tirer - attention cet exercice ne doit pas être exécuté par un chien qui n'est pas classé CBU - notamment le Staffie et le Staff - La tenue en gueule deviendra plus tard le mordant. À ce jeu le chien ne doit pas gagner à la fin.

Développez l'intelligence

Vous prenez une balle jaune, et une balle rouge. Vous insérez une friandise dans la balle jaune. Vous posez les balles à cinquante centimètres du chien et, dès qu'il s'en approche et pousse du nez la balle jaune vous annoncez : « Balle jaune » et vous récompensez le chien. Ensuite vous demandez : « Balle jaune » avant que le chien ne se déplace vers les balles. Dès que le chien maîtrise le rapport de la balle jaune, vous enlevez la friandise de la balle jaune et vous mettez dans la balle rouge.

« Cherche », !

Les jeux de pistage sont excellents. Vous demandez au chien un « Assis » puis un « pas bouger » et vous vous éloignez en emportant sa gamelle que vous déposez à trois mètres. Ensuite, vous demandez au chien de trouver son repas en annonçant « cherche ». Une fois que le chien joue avec plaisir à chercher sa nourriture, vous allez évidemment lui faire chercher d'aures choses. Vous l'avez compris c'est la méthode utilisée pour les chiens de recherche (stupéfiant, personne disparue, personne recherchée…).

LA RÉCOMPENSE

Il est d'usage de récompenser un chien mais il ne faut pas vous transformer en donneur de croquettes.

À savoir		
Il ne faudra pas la donner dès si le chien manifeste trop de fougue.	La félicitation et la caresse, sont des récompenses.	Votre chien recherchera la félicitation pour l'émotion positive qu'il en retire.

Le chien fera le rapprochement avec l'action souhaitée si vous le récompensez environ une seconde après. Il faut utiliser avec subtilités la récompense pour toujours faire progresser le chien, car avec trop de récompenses il régresse, et sans aucune récompense il est frustré.

L'HYGIÈNE ET LA SANTÉ

Qu'un chien soit professionnel ou appartenant à un particulier, qu'il fasse des concours canins, qu'il soit de garde, ou simplement qu'il soit votre compagnon dans la maison, *sa santé c'est précieux !*

Secret de professionnel

Le temps de travail doit être inférieur à un quart du temps de détente.

Tous les chiens ne sont pas forcément en bonne santé. Avant tout achat, il est important de s'assurer de la qualité des reproducteurs au niveau des tares génétiques au moyen des résultats d'examens officiels et à jour, notamment des tests ADN et des radios des hanches.

La voix du véto

Les grands chiens sont génétiquement prédisposés à la dysplasie de la hanche - dysplasie coxo-fémorale – qui est une affection de l'articulation entre le bassin et le fémur provoquant une usure prématurée de la tête du fémur et par conséquent des problèmes de locomotion. Un examen radiologique répondant à un protocole précis doit être effectué dès l'âge d'un an aux parents de votre futur chien.

Le chien de berger est génétiquement prédisposé pour développer des hypothyroïdies qui sont une imprégnation insuffisante de l'organisme en hormones thyroïdiennes. Elle peut s'exprimer par des symptômes d'intensité variable tels qu'une fatigue, une somnolence, une frilosité, une constipation, une prise de poids, une pâleur cutanée, une raideur musculaire, des œdèmes (« myxœdème »). Elle peut se compliquer d'insuffisance cardiaque ou de dépression et classiquement lorsque l'évolution est avancée, d'un coma myxœdémateux. Chez le nouveau-né, elle peut entraîner un retard mental (« crétinisme »). Seule une sélection stricte en élevage et un suivi vétérinaire fin des reproducteurs ainsi que des naissances permet de se sécuriser sur ce risque.

Il est donc essentiel que vous exigiez de l'élevage une copie des comptes rendus de dépistage.

Le chien est génétiquement prédisposé à deux affections oculaires. La persistance de la tunique vasculaire du cristallin (PHTVL) et la persistance du vitré primitif (PHPV). Il est donc essentiel que les élevages aient fait les dépistages notamment pour les Bergers Australiens, les Golden Retriever, les Labrador Retriever.

Soyez vigilants ! rien n'est pire que de voir votre chien devenir aveugle.

Le chien de berger est génétiquement prédisposé à de la cardiomyopathie. Il est donc essentiel que les élevages aient fait les dépistages.

Il faudra demander si le test sanguin qui se nomme CARDIOPET PROBNP a été réalisé.

Les pathologies que j'indique sont des présomptions qui nécessitent une vigilance de l'éleveur mais aussi du client. Vous achetez un chien LOF en France dans un élevage recommandé par un club de race le minimum est que les dépistages aient été réalisés. Ne transigez pas avec la santé.

Pour l'hygiène de votre chien :

Conseils de professionnels		
Les oreilles : vérifiez régulièrement la propreté des oreilles de votre chien.	Les yeux : nettoyez-les régulièrement.	Les dents : surveillez attentivement l'état d'entartrage des dents.
Les griffes : doivent s'user régulièrement avec la marche sur sol dur.	Pensez à administrer un traitement anti-puces et tiques.	Ayez toujours à jour le carnet de santé.

LA NOURRITURE

Conseils de professionnel

L'idéal est d'utiliser un type d'aliments en guise de friandises et un autre type pour l'alimentation, la friandise doit être plus affriolante que le repas.

Pour renforcer l'appétit du chien, vous pouvez incorporer à sa nourriture des compléments qui soient olfactifs, comme du fromage ou des compléments ciblés pour les poils et les dents. Il faut en mettre peu pour ne pas faire varier l'équilibre nutritionnel.

Comme tous les grands sportifs, le chien a besoin d'une alimentation adaptée. En période d'entraînement et de concours, le chien doit bénéficier d'apports plus importants en protéines et en glucides. Les premières permettent de fournir des efforts importants, les secondes favorisent la pratique de l'exercice sur la durée.

En dehors des périodes d'activité, le chien peut être nourri avec une alimentation industrielle, sèche ou humide. Un grand bol d'eau fraîche doit rester en permanence à sa disposition.

Il existe principalement trois types d'alimentations, l'alimentation industrielle sèche, l'alimentation industrielle humide et l'alimentation "maison".

Conseil de professionnel

Il est convenu d'habituer le chien pour un changement de nourriture sous une période de 8 jours en mélangeant les deux types d'aliments.

Vous pouvez mélanger les croquettes à de la viande ou les compléter par des aliments industriels humides afin de leur donner meilleur goût si le chien ne mange pas assez.

On appelle alimentation industrielle sèche, l'alimentation à base de croquettes. **Les besoins quotidiens nécessaires à un chien adulte en activité sont totalement apportés par les croquettes.**

Il existe l'alimentation à base de viande crue BARF signifie en anglais "Biologically Appropriate Raw Food" ce qui veut dire en français "Nourriture Crue Biologiquement Appropriée". Le régime alimentaire BARF ne convient pas aux chiens de travail et d'utilisation ou aux chiens de concours car on ne mesure pas précisément les oligoéléments, les minéraux et les vitamines.

On appelle alimentation industrielle humide, la nourriture fournie dans les "boîtes" achetées dans les grandes surfaces. Les besoins quotidiens nécessaires à un chien adulte en activité sont totalement apportés par ce type d'alimentation. Les boites doivent être maintenues au froid sous peine d'intoxication alimentaire Le prix de revient des boites est deux fois plus élevé que les croquettes

On appelle alimentation "maison", l'alimentation réalisée par vos soins. En dépit de l'amour des maîtres porté à leur bête, bien fréquemment la nourriture préparée est carencée en minéraux et vitamines. particulière.

L'ÉDUCATION

Principe de base

Le chien ne peut gambader en liberté, que s'il a maîtrisé la marche au pied sans laisse, l'ordre « stop », l'ordre « non » et le rappel.

Conseil de professionnel

Le chien doit savoir que même en période de détente un ordre peut arriver et c'est naturel de s'y soumettre. C'est essentiel pour un chien d'utilisation, de garde, de défense. Les tests en milieux clos lors de séances d'éducation sont indispensables avant de permettre aux chiens d'évoluer libres. Certains diront que c'est pareil pour un chien d'être libres ou en longe ou en laisse, c'est méconnaître le comportement canin. La liberté sera toujours en contrepartie du respect des codes et de règles, le chien le comprendra très bien.

Les incontournables		
À l'extérieur, gardez toujours votre chien sous contrôle, et ne tolérez aucun écart. Il n'y a jamais de risque zéro	La règle est que vous mettiez votre chien en laisse à la moindre rencontre et même si l'autre maître à un chien et ne respecte pas cette règle	Si vous percevez un risque, prenez immédiatement la direction opposée, c'est-à-dire éloigniez-vous de l'autre maître.
Si votre chien est formé à l'ordre d'urgence, vous montez la voix en donnant l'ordre « stop » suivi de l'ordre « au pied ».	Il ne faut jamais attendre sur place si deux chiens aboient l'un sur l'autre.	Si les chiens se bagarrent, c'est trop tard, éloigniez-vous et ne tentez rien, malheureusement il n'y a rien à faire, sauf à constater les dégâts.

Pour un chiot, se faire attaquer, se prendre des coups, et être mordu sera une expérience traumatisante qu'il faudra éviter absolument, sinon le chien restera peureux.

Marche aux pieds avec la laisse

Quand un chien tire sur sa laisse, il ne faut pas céder, il faut ramener le chien au pied. Si votre chien insiste arrêtez-vous, puis attendez. Il va céder à un moment. Lorsque l'excitation est maximale et que vous ne pouvez plus retenir le chien, dans ce cas et uniquement au début, vous donnez rapidement un peu de mou à la laisse et vous tendez la laisse d'un très léger coup sec. Le mieux est d'éviter les situations ou le chien est au maximum d'excitation lors de l'apprentissage de la marche en laisse. Vous devez anticiper, d'autant plus que c'est un chiot, un bout de chou de trois mois.

Dans les cas délicats ou vous devez tirer sur la laisse, pour ne pas faire mal ne tirer pas brutalement sur la laisse. Il faut donner du mou et reprendre d'un coup sec mais surtout pas brutalement et associez l'ordre « au pied » en claquant des doigts, pour l'instant le chiot ne comprend pas, mais au fur et à mesure il assimilera qu'à chaque fois qu'il tire il est ramené d'un coup sec doux associé à un ordre et à un claquement de doigts.

Lorsqu'il marche correctement à vos côtés le chiot doit être félicité chaudement. Il faut lui donner une récompense toutes les cinq minutes, puis ensuite tous les quarts d'heure.

Assis, couché, debout

Une friandise appétissante vous permettra de monter au chien les positions « assis » « couché » et debout.

Vous donnerez le nom du chien puis le nom de la position au moment où le chien entame la prise de la position, et vous enchaînez par le geste associé, le son au clicker.

En général : vous levez la main droite et vous associez un clic pour la position « assis », vous baissez la main droite et vous associez deux clics pour la position « couché », vous mettez la main droite à l'horizontale et vous associez trois clics pour la position « debout. Vous terminez chaque exercice avec un signal de fin de cours « va jouer » et vous frappez dans vos mains. Évidemment vous travaillez les positions dans l'ordre le « assis », le « couché » et le « debout ». Tant que le « assis » n'est pas complètement acquis vous ne passez pas au « couché », puis le « assis » et le « couché » acquis vous passez au « debout ».

Apprendre, Eduquer, Entraîner

L'apprentissage d'une position se réalise en deux à trois séances d'une durée d'un quart d'heure. Les positions de base sont fondamentales, trop d'éducateurs de club bâclent le travail car ils vont trop vite. En milieu professionnel on entraîne le chien ¼ par jour le matin avant dix heures et l'après-midi après dix-huit heures pendant 7 jours sur la première position le « assis » puis on joue, une deuxième position sera apprise la semaine suivante avec d'abord une répétition de la première pendant cinq minutes puis 15 minutes pour l'apprentissage. Si à 10h et à 18h il fait chaud, vous devrez décaler la séance, car la température doit être douce sans chaleur excessive et évidemment en cas de pluie ou de neige vous travaillez en intérieur.

Pour travailler l'ordre « assis », vous prenez une friandise dans la main et vous tenez la friandise de manière à ce que le chien puisse la sentir et la lécher, mais pas la manger. Puis d'un geste fluide et calme vous déplacez la friandise du museau vers le dessus de sa tête. Le chien suit la friandise des yeux et du museau (visuel + olfactif) et dès que le chien entame la position vous dites « assis », dès que l'arrière-train est au sol vous faites le signe de la main, puis dès que le chien est assis vous donnez le signal au clicker, puis vous offrez la récompense à votre chien avec un mot d'encouragement « bravo ». Veillez à placer votre main à la bonne hauteur pour obtenir le geste parfait.

Pour travailler l'ordre « couché » : vous déplacez la friandise du museau vers le sol, la main étant assez proche de la poitrine du chien. L'animal va constamment suivre votre mouvement. En cas de difficultés pour obtenir le coucher vous utilisez un banc dans la nature ou ce qui s'en rapproche (une chaise chez vous) et vous placez la friandise dessous pour que le chien se couche pour manger la friandise. Souvenez-vous de la procédure de récompense en quatre phases - l'ordre dès que le chien amorce la position (là il se plie pour aller sous le banc), le signal du bras (là il est ventre au sol), le signal au clicker dès qu'il est sous le banc (bien allongé), et vous donnez la friandise (sous le banc) et vous félicitez.

Je ne répéterai pas les phases de récompense, elles sont utilisées quel que soit l'apprentissage, c'est une procédure de routine. C'est beaucoup plus tard, après un acquis d'excellente qualité que vous supprimez la friandise qui est remplacée par une félicitation donnée très chaudement et c'est seulement en préparation à la compétition que l'on supprime le clicker (non autorisé), parfois les juges vous autorisent soit le signe soit l'ordre (conseil : choisissez l'ordre oral).

Pour travailler l'ordre « debout », vous tenez la friandise devant le museau et vous éloignez lentement votre main en suivant une ligne parallèle au sol. La position debout étant naturelle, vous pouvez associer l'ordre et les signes quand le chien se met naturellement debout, nous parlons d'action de se mettre debout, n'utilisez pas l'ordre « debout » si le chien est depuis un moment debout.

Pas bougé

Vous partez d'une position de base, et récompensez le chien dès qu'il tient la position de base plus de trente secondes, et vous donnez l'ordre « pas bougé » juste à quinze secondes. Vous pouvez avoir une friandise spéciale beaucoup plus affriolante, que vous donnez à trente secondes. Répétez l'exercice pour une minute, et ainsi de suite. Il ne faut pas vous éloigner. Vous reculerez d'un mètre dès que le chien tient au minimum deux minutes l'ordre « pas bougé ». Ensuite c'est très progressivement que vous éloignerez et ce mètre par mètre puis progressivement vous augmenterez la distance, et à chaque fois, vous revenez vers le chien, si c'est le chien qui vient à vous il faut recommencer en vous rapprochant un peu, évidemment pas de friandise, ni encouragement.

Apprendre, Eduquer, Entraîner

La fin de la séance doit toujours se terminer sur un exercice réussi et des félicitations. Enfin vous travaillerez l'ordre pas bougé en étant caché du chien. Le chien au début ne restera pas en place, vous refuserez la friandise et vous recommencerez. Si vous utilisez une cache homologuée (présente en club ou dans les terrains d'entraînement professionnel), il y a un œil dans la cloison, vous pourrez surveiller le chien, et répétez l'ordre « pas bouger ». Une fois acquis, vous n'aurez plus besoin d'utiliser l'œil qui sera obturé.

Évidemment les phases de la procédure de routine de la récompense et des trois codes (ordre oral, geste, et son) sont respectés.

Les premiers exercices se soldent systématiquement par des échecs, il faudra patiemment recommencer en revenant à la distance acceptée, puis proposer une nouvelle distance, ceci que ce soit en étant visible et caché.

Le travail à distance

Le chien doit apprendre que les ordres « assis », « couché » ou « debout » ne signifie pas qu'il doit prendre la position demandée en étant toujours près de vous, mais il doit prendre la position là où il se trouve. L'importance de la coordination mot, geste et son prend alors toute son importance.

Vous mettez le chien au fixe (laisse attachée à un arbre, un poteau) et vous éloignez de deux mètres. Vous donnez l'ordre « assis », coordonné avec le geste du bras et le signal du clicker. Si le chien ne comprend pas, vous vous rapprochez. Si besoin vous venez tout près du chien, vous demandez la position, ensuite vous reculez par pas de cinquante centimètres et vous redonnez l'ordre, et ainsi de suite. Parfois le chien se lève, après s'être assis, dans ce cas vous devez enchaîner avec l'ordre « pas bougé ».

Dans le travail à distance, nous incluons l'arrêt à l'ordre « stop ». Le chien marche sans laisse à vos côtés, et vous donnez à votre chien l'ordre « stop » et vous continuez à avancer de trois pas, le chien doit rester sur place. Vous devrez répéter cet exercice jusqu'à une parfaite compréhension. Dans un deuxième temps, de là où vous vous trouvez, vous demandez à votre chien un « assis ». Dès que le « stop » enchaîné avec un « assis » est acquis, vous continuerez à marcher en rajoutant l'ordre « couché », puis une fois cela maîtrisé vous demanderez « au pied ». La procédure de récompense et de félicitation sera très importante à ce stade d'éducation.

Apprendre, Eduquer, Entraîner

La marche au pied sans laisse

L'ordre « au pied » permet de promener son chien en liberté et aussi de le rappeler. Bien que l'habitude soit de faire marcher le chien côté gauche, pour pouvoir serrer la main droite d'un ami, il faut que le chien sache marcher des deux côtés : le chien marche toujours côté mur d'une rue ou côté fossé sur une route, sauf sur un pont ou il marche côté extérieur.

Vous commencez en laisse, vous prenez la récompense dans la main du côté du chien et vous donnez l'ordre « au pied » et vous détachez la laisse puis vous avancez, le chien sent la friandise, le chien fait quelques pas et vous donnez la friandise, vous recommencez en augmentant le temps de marche au pied. Bien entendu l'entraînement se réalise en milieu clos, et après des tests concluants vous pourrez intégrer la marche sans laisse au pied au quotidien, tout en restant prudent bien sûr.

Dès que le chien maîtrise la marche sans laisse, vous travaillerez le rappel, mais surtout pas avant.

Vous devez faire apprendre les ordres dans la chronologie de leur présentation, et respecter la routine d'apprentissage avec la récompense qui a été indiqué au début du chapitre.

L'ordre non

L'éducation de votre chien aux missions de chien de garde et de défense implique que l'ordre « non » soit acquis et parfaitement intégré par votre chien. L'association de l'ordre à un geste et à un son, est fondamentale pour l'apprentissage de l'ordre « non ».

Il faudra être très attentif à éviter toute confusion involontaire avec un autre ordre, donc pour l'ordre le « non » le signe et le son sont précis, unique et spécifique, par exemple, les deux bras en croix devant vous et deux sifflements courts – si vous ne savez pas siffler, le sifflet sera utile mais vous devrez l'avoir toujours sur vous, le clicker peut prêter à confusion car il est utilisé dans tous les autres apprentissages, sauf le « non », le « stop » et le rappel « au pied » -.

Apprendre, Eduquer, Entraîner

Vous observez le chien et vous attendez qu'il fasse une faute comme s'éloigniez alors qu'il marche sans laisse, ou fouiner près d'une poubelle près de laquelle vous vous êtes positionné (exprès évidemment) et vous donnez l'ordre « non », une seule fois et juste avant que le chien n'aille à la faute. Ensuite, vous restez silencieux. Vous observez sa tentation et vous redonnez l'ordre « non » s'il y va à la faute. Il faudra répéter les exercices jusqu'à ce que le chien obéisse de plus en plus vite à l'ordre « non ». Il faudra exposer le chien aux tentations, dans divers endroits et, dès que le chien réagit bien à l'ordre « non » vous continuez l'exercice sans friandises et avec juste des félicitations.

Lors de son éducation, l'ordre « non » indique au chien l'interdiction. Il y a des interdictions directes et des interdictions indirectes qui doivent être intégrées, notamment le refus d'appât, le saut sur la clôture, l'aboiement immodéré, le grognement inutile.

Le refus d'appâts

L'apprentissage du refus d'appât commence après la maîtrise de l'ordre « non ». Sur le chemin de la promenade, vous devez placer avant la balade de la nourriture poivrée à l'intérieur - par exemple du fromage - que vous cacherez sous des cailloux ou des morceaux de bois. Pendant la promenade le chien découvrira la nourriture cachée et à cet instant vous utiliserez l'ordre « non ». Il ne faut pas donner l'ordre s'il est déjà trop tard et que le chien a touché à la nourriture, dans ce cas réprimandé par la voix de façon ferme et nette « vilain chien ». La réprimande et la nourriture poivrée feront leu effet. Ensuite vous placerez dans votre jardin à l'insu du chien, des boulettes de viande hachée très poivrée, et de fromage très pimenté, vous laissez le chien dans le jardin et vous observez, dès qu'il va pour prendre une boulette donnez l'ordre « non ».

Quand vous donnez une friandise à partir de maintenant vous demanderez l'ordre « prend », si le chien va pour prendre avant c'est l'ordre « non ».

Apprendre, Eduquer, Entraîner

L'ordre donne

Votre chien doit savoir vous donner ce qu'il a en gueule. Après vous l'avoir rapporté, mais aussi en cas d'urgence si il a en gueule quelque chose de dangereux.

Si vous faites des sports canins pour le brevet d'obéissance, puis le travail en Ring ou RCI, le rapport d'objets et l'ordre « donne » sont obligatoires.

L'ÉDUCATION A LA GARDE

Le chien de garde a acquis des réflexes. S'il est seul il agira selon son conditionnement, car il a été éduqué pour cela.

Dehors un chien de garde doit pouvoir vous alerter. Après l'alerte il attendra votre décision, et si vous n'êtes pas là, il interviendra de lui-même, et en fonction des circonstances il se référera à son instruction.

Apprendre, Eduquer, Entraîner

Un panneau qui prévient qu'un chien monte la garde ne dispense pas d'être prudent, mais est obligatoire. Vous devez avoir un panneau par issue.

Personnellement mes chiens sont dedans si je sors et dehors si je suis présent. Quand ils sont dehors ils préviennent et ils m'attendent.

La prévention est la base de la garde, le chien doit toujours prévenir et n'intervenir qu'en cas de danger avéré.

Il y a trois degrés d'alerte : l'aboiement, le grognement, et l'attaque (ou défense). Si le danger est écarté le chien doit revenir immédiatement en position de vigilance « garde au ferme ».

En général la position de grognement dissuade l'éventuel agresseur. Si malgré tout l'agresseur poursuit, le chien aura un mordant très fort, et ne relâchera que sur ordre, cette action se nomme l'immobilisation.

Le mordant a des règles précises. Le chien est entraîné à mordre et surtout à tenir son mordant. Il a été entraîné pour cela. C'est pour cette raison, qu'il ne devra jamais répondre à une simple provocation.

Un chien parfaitement éduqué saura doser sa réponse à un danger : il préviendra, analysera la nature de l'agression et interviendra juste de raison.

Vous devez entraîner le chien à attaquer sur ordre, mais aussi à avoir son propre jugement, et il faudra lui faire confiance, car il aura appris.

Pendant toute la phase d'éducation vous devez surveiller le chien, c'est un apprenti et il ne faut pas l'exposer.

Vous ne devez pas commencer la phase de travail au mordant avant l'obtention du Test d'Aptitude au Travail et le Certificat d'Aptitude à l'Utilisation (C. S.A.U) (T.A.N).

Si le rappel n'est pas intégralement maîtrisé, ou si le stop n'est pas parfaitement acquis, ne commencez pas la phase d'éducation à la garde.

Vous devez enseigner au plus tôt la phase de refus d'appât à votre chien. Un chien mange un repas équilibré à heure fixe, en toute tranquillité pendant vingt minutes. Il n'accepte rien d'autre, sauf vos friandises en éducation et sur l'ordre « prend ». Évidemment il a de l'eau propre en permanence.

Apprendre, Eduquer, Entraîner

Vous devez passer à l'enseignement de la phase reconnaissance des aliments dès l'âge de six mois. Le chien ne prend que ce qu'il reconnaît, et seulement la nourriture présentée par son maître. Ainsi vous diminuerez le risque de voir votre chien toucher à des aliments empoisonnés.

Le chien doit être sociable, c'est primordial, essentiel, c'est la base de tout. Nous allons tordre le cou à une idée reçue. Si vous interdisez à vos proches, à vos amis, à des tiers de caresser le chien, vous faites une grosse connerie, le chien de garde ne fonctionne pas ainsi. C'est exactement l'inverse. Il analyse le danger, donc s'il n'y en a pas, il est un gentil toutou qui se laisse caresser, communique, et interagit avec les autres.

Vous devez habituer le chien par contre à ne pas manger ce qui lui est offert par une autre main que la vôtre. Si vous devez un jour confier le chien, il faudra l'habituer à la personne qui le nourrira quelques jours avants. N'oubliez pas que ce sera sa gamelle et sa nourriture habituelle. J'ai personnellement deux amis de confiance, qui sont habitués à garder mes chiens.

Je vous invite aussi à ne jamais attacher votre chien de garde chez vous, surtout lorsque vous êtes avec des amis, même si vous faites une fiesta. L'attache est une position de soumission et d'excitation, votre chien va mal la vivre. Il faut préférer habituer votre chien à respecter des codes dans toutes les situations. Mes chiens ont été habitués à prendre leurs distances, et vont donc se mettre naturellement en recul du bruit, et des sollicitations. Ils n'approcheront pas et resteront calmes et vigilants.

Vous devez veiller à ce que le collier du chien de garde ne soit pas un danger pour le chien, car il peut s'accrocher et pendre le chien ou servir à un intrus à attraper le chien en général avec une gaffe à crocheter. Je laisse mes chiens sans collier quand ils sont chez moi.

Vous devez habituer votre chien bien avant l'éducation à la garde à tous les bruits et il ne devra pas avoir peur. Pour y arriver il faut utiliser l'immersion progressive. Coup de feu, cri, feux d'artifice, avion qui passe le mur du son, tambours, trompette mes chiens restent sereins. J'appelle cela la méthode du calme olympien.

Apprendre, Eduquer, Entraîner

Nous allons tordre le cou à une autre idée reçue : si le chien voit un invité chez moi et si cette personne vient à l'improviste, le chien n'interviendra pas ? C'est absolument faux. Le chien a appris à mesurer le danger. Il n'y a que vous qu'il ne testera plus après son adolescence. Votre ami ou pas, le chien entamera les phases de précautions : l'aboiement, le grognement, puis la position d'attaque.

Puisque nous y sommes, nous allons tordre le cou à une énième idée reçu, qui consiste à tester un chien in situ par un quidam. Êtes-vous fous ? En voulez-vous à quelqu'un à ce point pour le mettre en danger ? Seul un éducateur au mordant dûment habilité peut tester un chien ! L'éducateur avec qui vous travaillez pourra vous le proposer. Lui et personne d'autre !

Le chien intervient, vous êtes là : vous donnez l'ordre « stop » et le chien se mettra en position de « garde au ferme ». Ensuite vous exigez de l'agresseur de s'allonger au sol, puis vous prévenez les autorités.

Le chien intervient, vous n'êtes pas là : avez-vous pris la précaution d'avoir un voisin vigilant qui va prévenir les autorités et vous prévenir ? Votre voisin ne doit surtout pas s'approcher du chien. Il prévient par téléphone.

Dans tous les cas je vous conseille, d'avoir les papiers du chien, son carnet de vaccination, et votre licence CBU de club ou votre titre capacitaire si vous êtres professionnels, ce sera plus simple.

Prenez tout de suite les témoignages des gens qui connaissent votre chien et peuvent témoigner qu'il est bien éduqué.

Un chien de garde éduqué vous fera prendre moins de risque qu'un chien non éduqué qui sera surpris chez lui. Ce dernier aura une poussée d'agressivité. Ce sera bien pire que l'intervention d'un chien équilibré, qui est éduqué à intervenir et qui est psychologiquement sûr de lui.

Nos hommes et femmes politiques ne mesurent pas les risques encourus avec des chiens classés d'utilisation et qui ne sont pas éduqués. Tous les maîtres devraient éduquer leurs chiens s'ils sont classés CBU.

Nous terminerons avec le risque de bavure, de la grosse bêtise, du coup de sirocco pour une femelle en chasse. Le chien n'est pas un robot, mais un être sensible. Il n'est pas possible de tout prévoir, d'avoir tout anticipé. Et si le chien fait une grosse boulette, alors il faudra que vous assumiez.

Un chien éduqué, avec une évaluation parfaite de son comportement par son éducateur, est un chien qui saura évaluer une situation. Un chien, pas éduqué, ou pire éduqué avec violence, sera un danger.

Il était indispensable de parler des préliminaires avant d'aborder l'éducation à la garde et à la défense.

Votre chien doit d'abord être sociable, être psychologiquement stable, et avoir une éducation de base parfaite avant d'envisager d'en faire un chien de garde.

Apprendre, Eduquer, Entraîner

Il maîtrise les positions de fixation : assis, couché, debout et pas bouger. Il marche en laisse sans tirer, et fait les quarts de tour et demi-tour sur ordre. Il marche sans laisse en enchaînant les positions fixation et l'ordre *pas bouger*. Il maîtrise les positions de fixation associez à l'ordre *pas bouger*. Le stop et le rappel sont immédiats sur votre ordre. Votre chien va préparer le Test d'Aptitudes au Travail de Défense.

Alors allons-y. Bon courage.

Vous allez choisir un club, inscrire votre chien en RCI ou en RING, obtenir une licence CBU, puis vous travaillerez avec un maître-chien. C'est impératif pour le mordant. Un professionnel va utiliser le jeu sans aucun accessoire entraînant de la douleur chez votre chien. Apprendre à son chien à monter la garde ou à défendre signifie avant tout d'apprendre au chien à faire la différence entre une situation à risque ou une situation normale, mais pour cela il va falloir vivre les situations et que le chien acquiert des procédures qui deviendront des routines.

La patience est de rigueur. Votre chien ne naît pas chien de garde et de défense, il va falloir du temps et de nombreuses séances pour lui apprendre.

C'est peut-être long, mais quel bonheur une fois que vous avez réussi ! Et vous allez réussir. L'important c'est la régularité des séances. Pour la durée des séances, je vous recommande une heure, pour la fréquence trois fois par semaine. N'oubliez pas les pauses toutes les dix minutes et d'une durée de dix minutes. Observez votre chien s'il en marre arrêtez immédiatement.

J'en vois beaucoup qui apprennent directement à attaquer à leur chien. C'est dangereux. Le chien doit d'abord apprendre à surveiller et à alerter.

Il ne faut pas apprendre au chien à mordre ou à attaquer, avant qu'il ne sache donner l'alerte et faire éloigner l'intrus.

Pour apprendre à donner l'alerte, votre chien doit d'abord bien connaître les situations où il n'y a pas lieu de donner l'alerte.

Donc c'est l'ordre « non » dans les situations non désirées.

Commençons par l'éducation de base chez vous :

Vous êtes seuls à savoir qui laisser entrer chez vous. Lorsque quelqu'un sonne donnez l'ordre « *à ta place* ». Le chien s'exécute, n'oubliez pas la récompense et la caresse. Vous répéterez autant que nécessaire.

Maintenant vous autorisez une personne à entrer. Faite signe à votre chien de s'approcher de la porte et vérifier qu'il reste neutre, ni bon ni mauvais. Donnez l'ordre « *c'est bon* », le chien repart à son panier. N'oubliez pas la récompense et la caresse. Vous répéterez autant que nécessaire. Cette phase est très importante, le chien doit venir et repartir. C'est une routine. S'il n'y a pas l'ordre « *c'est bon* », le chien doit rester en position de vigilance près de vous, mais surtout pas en « *garde au ferme* ».

Apprendre, Eduquer, Entraîner

Maintenant dans le jardin ou dans la cour : une personne approche du grillage, de lui-même le chien alerte, puis vous sortez et vous donnez l'ordre « *laisse* ». N'oubliez pas la récompense et la caresse. Le chien ne doit pas se jeter sur grillage sinon ce sera l'ordre « *non* ». Le chien doit se positionner à un mètre du grillage et fixer l'intrus en aboyant en vous attendant. Vous répéterez autant que nécessaire. Cette procédure ne doit être apprise que si un individu s'arrête devant le grillage, cela évitera les aboiements sur les passants qui seront réprimés par l'ordre « *non* ». Dans les cas où l'aboiement est intempestif l'usage du collier d'entraînement est possible en accord avec l'éducateur.

Le chien ne va pas rester au coin car il y a quelqu'un. Vous devez le laisser vivre sa vie, surtout si la personne invitée reste un moment chez vous. Demandez juste aux gens que vous accueillez de ne pas s'occuper du chien. Si le chien vient près de la personne invitée donnez l'ordre « *tu laisses* ». N'oubliez pas la récompense et la caresse. Vous répéterez autant que nécessaire.

Ces procédures ne concernent que les invités pas la famille. La famille doit être immergée avec le chien : ballade, jeu, travail du chien, et accompagnement du chien à l'éducation en club.

Tordons l'idée reçue à l'éducation du chien qui ne doit laisser sortir personne de chez vous. C'est inadmissible. Le chien de garde est éduqué à l'analyse de situation : donc sauf s'il y a un danger sinon il n'intervient jamais. Les dangers c'est vous qui les lui apprendrez.

Tordons le cou à une autre idée reçue celle qui prétend qu'il n'est pas forcément indispensable de dresser un chien à la garde pour qu'il comprenne qu'il doit garder la maison lorsqu'il est seul. Certes le chien aboiera, mais il sera en panique s'il doit intervenir. Et c'est très dangereux, car le chien ne sait pas mordre donc ce sera de la charpie si le chien fait face.

La plupart du temps, s'il n'a pas appris à monter la garde, un chien préférera toujours s'éloigner du danger.

Un chien dressé à monter la garde surveille et alerte. D'ailleurs, l'un des fondamentaux absolus pour apprendre à monter la garde à son chien, c'est la socialisation très avancée.

Maintenant votre chien connaît les procédures et sait ce qu'il doit faire si des amis arrivent chez vous ou si un individu stoppe devant le grillage du jardin. C'est parfait.

L'éducateur vous proposera un test. Évitez de demander à un quidam lambda de tester le chien.

Rappelez-vous : il y a trois degrés d'alerte : l'aboiement, le grognement, l'attaque. Vous avez éduqué le chien au premier niveau d'alerte : l'aboiement.

Pour le grognement, le chien grognera et montrera en même temps les crocs. Cela s'acquiert au travail du mordant. Au début l'éducateur va éloigner les peurs du chien. L'éducateur sous forme de jeux proposera au chien des chiffons à mordre, là vous repérez l'attitude du chien au moment de la prise. Vous associerez l'ordre « *grogne* », et l'éducateur continuera de travailler. Une fois chez-vous il faudra travailler avec le chien. Demandez-lui « *grogne* ».

La position d'attaque et l'attaque sont apprises lors de l'éducation au « *mordant* » avec l'éducateur.

L'important maintenant ne sera pas que le chien réagisse sur un homme caparaçonné, mais qu'il cesse immédiatement dès que l'ordre est lancé.

Vous l'avez compris l'éducation à la garde est un ensemble complet d'associations de comportements, ce n'est certainement pas que du mordant.

Un chien de garde n'est pas un chien qui aboie dès qu'il voit un passant, un vélo ou un autre animal passer. Ce n'est pas non plus un chien qui ne fait aucune différence entre le facteur, les amis, les voisins ou un rôdeur.

Apprendre, Eduquer, Entraîner

Les chiens qui aboient face aux gens qui passent ne font que répondre à un instinct, sans avoir appris comment réagir. Un chien qui monte la garde est un chien qui a appris son travail. Un chien de garde a appris à faire la différence entre les personnes indésirables et celles qui sont invitées. Il veille, il surveille, il alerte. Ce n'est pas un chien agressif et il n'attaquera jamais sans en avoir reçu l'ordre de son maître ou d'être dans une situation qui lui impose d'agir.

L'ACTIVITÉ DE DÉFENSE

Il est impossible sans l'accompagnement d'un professionnel d'éduquer seul son chien à la garde et à la défense. Les sports de défense sont le Ring et le RCI.

Le Ring comprend trois échelons, qui sont présentés graduellement après l'obtention du Brevet de Chien de Défense.

Le Brevet de Chien de Défense se déroule de la manière suivante : une suite sans laisse, un refus d'appât - de la nourriture est lancée aux chiens à 10 m par un inconnu - une suite sans laisse avec le chien muselé, une minute au coucher sans bouger en l'absence du maître, le contrôle du calme du chien malgré deux coups de feu tirés l'un venant de devant, puis l'autre venant de derrière, une attaque lancée sur un malfaiteur au commandement du maître.

Après l'obtention du brevet de chien de défense le chien va passer l'échelon « 1 » du ring qui se déroule de la manière suivante : un saut de haie, une suite en laisse, une suite sans laisse muselée, une minute couchée en l'absence du maître, un rapport d'objets, un respect des positions de fixation donnée dans le désordre, un refus d'appâts en l'absence du maître, une attaque de face, une défense du maître, une attaque fuyante, et une attaque au revolver avec le chien en attente (garde au ferme).

Les degrés suivants chercheront moins la difficulté que la précision d'exécution.

Pour le travail de défense les particuliers suivent un enseignement en club, et doivent avoir une licence CUNCBG. Pour les professionnels civils le brevet de maître-chien est obligatoire pour la conduite d'un chien de garde et de défense et l'entraînement du chien est réalisé par un professionnel breveté au mordant. Pour les professionnels des corps constitués le brevet de conducteur spécialisé est obligatoire.

LA LÉGISLATION

Les chiens susceptibles d'être dangereux sont répartis en 2 catégories.

La 1ère catégorie regroupe les chiens d'attaque qui sont des chiens assimilables par leurs caractéristiques morphologiques aux chiens de race American Staffordshire terrier, sans LOF. Les chiens assimilables par leurs caractéristiques morphologiques aux chiens de race Mastiff, sans LOF. Les chiens assimilables par leurs caractéristiques morphologiques aux chiens de race Tosa sans LOF. Ces chiens peuvent être communément appelés Pitbulls, Boerbulls et Tosa. Il ne s'agit pas de chiens de race mais issus de croisements car il ne présente pas de LOF.

La 2ème catégorie regroupe les chiens d'attaque qui sont des chiens assimilables par leurs caractéristiques morphologiques aux chiens de race American Staffordshire terrier, avec LOF. Les chiens assimilables par leurs caractéristiques morphologiques aux chiens de race Tosa sans LOF. Les chiens assimilables par leurs caractéristiques morphologiques aux chiens de race Rottweiler, sans LOF.

Il est interdit d'acheter, de vendre, de donner, d'importer et/ou d'introduire en France, les chiens de 1ére catégorie. La personne ayant acquis un chien d'attaque, avant l'application de la réglementation de 2010, doit détenir un permis de détention. Pour chiens de 1ére catégorie ils seront stérilisés et le propriétaire devra présenter une attestation de stérilisation accompagnée de la carte CAD d'enregistrement du chien.

Pour les chiens de 1ére et de 2éme catégorie, ils sont interdits d'accès dans les transports en commun, les lieux publics et dans les locaux ouverts au public, en dehors de la voie publique, et ils ne doivent pas demeurer dans les parties communes des immeubles collectifs.

Les chiens de 1ére et de 2éme catégorie sont toujours muselés et tenus en laisse par une personne majeure sur la voie publique et dans les parties communes des immeubles collectifs. La personne qui s'occupe d'un chien de 1ére ou de 2éme catégorie, même provisoirement, à l'obligation de posséder une carte d'identification délivrée par la société centrale canine et d'avoir validé un permis de détention. La délivrance de ce permis se fait suite à une formation d'aptitude à la détention de l'animal et d'une évaluation comportementale de l'animal. Détenir, ou simplement promener, un chien pouvant être dangereux sans permis fait l'objet de sanctions.

Le code de la propriété intellectuelle n'autorisant, aux termes de l'article L. 122 — 5, 2 ° et 3 ° a, d'une part, que les « copies ou reproductions strictement réservées à l'usage privé du copiste et non destinées à son utilisation collective » et, d'autre part, que les analyses et les courtes citations dans un but d'exemple et d'illustration, « toute représentation ou reproduction intégrale ou partielle faite sans le consentement de l'auteur ou des ayants droit ou ayant cause est illicite » (art. L. 122-4). Cette représentation ou reproduction, par quelque procédé que ce soit, constituerait donc une contrefaçon sanctionnée par les articles L. 335-2 et suivant du Code de la propriété intellectuelle.

Le droit d'auteur français est le droit des créateurs. Le principe de la protection du droit d'auteur est posé par l'article L. 111-1 du code de la propriété intellectuelle (CPI) qui dispose que « l'auteur d'une œuvre de l'esprit jouit sur cette œuvre, du seul fait de sa création, d'un droit de propriété incorporelle exclusif et opposable à tous. Ce droit comporte des attributs d'ordre intellectuel et moral ainsi que des attributs d'ordre patrimonial ».

REMERCIEMENTS

Ce guide est devenu un Best-Seller, je remercie tous les lecteurs et amoureux des chiens qui lui ont permis contribuée à en faire une large presse..

https://www.facebook.com/romancier45

Apprendre, Eduquer, Entraîner

Fin